Paul Boldt   Junge Pferde! Junge Pferde!

AF222350

Paul Boldt

Junge Pferde!
Junge Pferde!

Edition Razamba

© Edition Razamba
Alle Rechte vorbehalten.
Edition Razamba Bd. 2
Herstellung und Verlag: Books on Demand
GmbH Norderstedt 2008
ISBN 978-3-8370-4153-8
Gesetzt in DS-Garamond
Umschlaggestaltung: Bertram Benitz

www.razamba.de

Junge Pferde! Junge Pferde!

FRÜHJAHR

Die ganze Nacht durch kamen Wanderungen
Wie auf der Flucht, in sohlenloses Schreiten
Vermummt. Am Morgen bargen es die Weiten:
Nur Sturm schwimmt durch die dunkelen Waldungen.

Als wäre allem Licht ein Tor gesprungen,
Will es sich in die Aderbäume breiten,
Darin die Pulse spülen, Säfte gleiten
Wie Frühjahrsströme durch die Niederungen.

Mein gutes Glück, märzlich dahergetänzelt.
Mädchen, gut, daß du Weib bist! Diese Stunde
Verlangt das. Küsse mich! O unsere Munde

Haben noch niemals um ihr Glück scharwenzelt.
Du — du — dein Haar riecht wie der frühe Wind
Nach weißer Sonne — Sonne — Sonne — Wind.

NÄCHTE ÜBER FINLAND

Die Nadelwälder dunkeln fort im Osten,
Und aus den Seen taucht das Nachtgespenst
Den gelben Kopf, von Feuerrauch gekränzt,
Den Sterngeruch der neuen Nacht zu kosten.

Zu weißen Pilzen filzen Fichtenpfosten,
Und Ast an Ast in zartem Lichte glänzt,
— befrorne Linien — Filigran umgrenzt,
Zieht die Kontur aus reinen, reifen Frosten.

Bis auf das alte, runde, schwarze Eis
Des Grundes sind die Flüsse zugefroren.
In Schuttmoränen glänzt der glatte Gneis

Und in den leuchtenden, polierten Mooren.
Die Krähen schreien ewig: Tag — und Tat —
Nebel und Kälte fällt wie Sack und Saat.

WEICHSEL

Ein Thema: Weichsel; blutsüßes Erinnern!
Der Strom bei Kulm verwildert in dem Bett.
Ein Mädchen, läuft mein Segel aufs Parkett
Aus Wellen, glänzend, unabsehbar, zinnern.

In Obertertia. Julitage flammen,
Bis du den Leib in helle Wellen scharrst.
Die Otter floh; mein weißes Lachen barst
Zwischen den Weiden, wo die Strudel schwammen.

Russische Flöße in den Abend ragend.
Die fremden Weiber, die am Feuer sitzen,
Bewirten mich: Schnaps und gestohlener Speck.

Wir ankern und die Alten bleiben weg.
Die Völlerei. Aus grausamen Antlitzen
Blitzt unser Blick, ins Weiberlachen schlagend.

NÄCHTIGE SEEFAHRT

Die Winde sind von einem Möwen-Dutzend
Geschwänzt und schlagen durch die Luft, dumpf,
                                                                pfeifend.
Und hart herrollend, seltsam vorwärtsgreifend,
Zerbraust das Meer, der Riffe Rücken putzend.

Es klatscht das Segel, patscht das Ruderblatt.
Die gleichen Wogen streifen, weichen vorn
Und fallen hinten, wo der Möwen Zorn
Sie schmäht, matt, hingemäht, ins glatte Schwad.

Dann steift der Wind. Er gibt die Brise doppelt
Und schmeißt die hellen Wasserhaufen steiler,
Wie ein Pikeur die Meute noch gekoppelt

Voll Gier losläßt; allein der starke Keiler
Stockt, steht, stößt einmal in die Runde
Entblößter Zahnreihn und zerfetzt die Hunde.

FRIEDRICHSTRASSENDIRNEN

Sie liegen immer in den Nebengassen,
Wie Fischerschuten gleich und gleich getakelt,
Vom Blick befühlt und kennerisch bemakelt,
Indes sie sich wie Schwäne schwimmen lassen.

Im Strom der Menge, auf des Fisches Route.
Ein Glatzkopf äugt, ein Rotaug' spürt Tortur,
Da schießt ein Grünling vor, hängt an der Schnur
Und schnellt an Deck einer bemalten Schute,

Gespannt von Wollust wie ein Projektil!
Die reißen sie aus ihm wie Eingeweide,
Gleich groben Küchenfrauen ohne viel

Von Sentiment. Dann rüsten sie schon wieder
Den neuen Fang. Sie schnallen sich in Seide
Und steigen ernst mit ihrem Lächeln nieder.

MITTAGS

Jetzt ruht der Tag am Himmel wie ein Krake,
Des blasses Maul die Wälder überschwemmt.
Laubbäume zittern in dem Sonnenhemd,
Als ob der Park von hellen Flammen blake.

Die schwere Mühle rudert strahlumwellt
In glattem Takt, daß sie den Abend hebe;
Noch hält der leuchtende Kristall die Schwebe,
Der Azur aus dem leichten Lichte fällt.

Orangewolken mit zitterndem Bauch,
Die nachts den Flächenblitz gebären sollen.
Libellen flügeln, Falter, und verschollen
Summen die Bienen in dem Bohnenstrauch.

In deinen Adern glüht des Heliotrops
Arom, gekühlt von süßerem Jasmin,
Und durch die Nerven klingen Phantasien,
Bizarre Phantasien Félicien Rops'.

Im Walde schlägt der Keiler durstgequält
Die hellen Zähne in das Holz der Kiefer.
Die tote Schonung raucht wie heißer Schiefer,
In dem der Nacht erstickter Atem schwelt.

NACHT FÜR NACHT

Wie helle Raupen kriechen die Chausseen
Aus Wäldern über Berge in die Tale.
Gestrandet liegen Wolken, groß wie Wale,
Still in der Abendröte blanken Seen.

Der Tag versiegt. Bis ihn die Frühen speisen,
Quillt schwarze Nacht aus allen Himmelsbronnen.
Die Sterne scheinen, kleine, ferne Sonnen.
Der Teich im Hofe glänzt wie dunkles Eisen.

Der Mond steht, wie ein Junge in der Pfütze,
Hell über jedem Garten. Und wie Gaze
Schimmert der Wald, des Berges blaue Mütze.

Aus einer Kleinstadt ragt des Kirchturms Vase
Verschnörkelt aus der Giebeldächer Nippes. —
Schlaf hält die Menschen fest, steif, wie in Gips.

RINDER

Verblichnes Grün der Weide deckt
Das Weiß und Schwarz der Herde.
Silhouetten, da und dort gesteckt,
Die Köpfe auf der Erde.

Die Wiese atmete nicht mehr,
Knirrte der Rinder Schlund;
Das Julilicht spritzte umher,
Die Wolken zogen, und

Unten geht ein fleischern Meer
Im grünen Klee spazieren.
Vom Hund umbellt. Zurück. Carrière,
Humpeln von alten Tieren.

Im Grase lagert sich das Blöken.
Dumm scharrt des Stieres Huf.
Die Kälber jagen an den Pflöcken —
Melkmägde schallen voller Ruf.

NORDWIND IM SOMMER

Vom Meere duftend fliegt der Wind ins Land.
Die dunklen Parke flattern in der Brise.
Kleehügel blühen vor dem Duft der Wiese;
Der Himmel steht, sich selber unbekannt,

Ein weißer Fischer in den Roggenmeeren,
Wo Taubenflug aufspritzt, ein Wasserstrahl,
Wo Wolkenschatten rinnen in das Tal,
Fliegende Fische sind — die Roggenähren.

Der Weißklee schmeißt den Junitag zur Seite,
Und manchmal fliegen Reiher um den stummen,
Fischlosen See, auf dem die Bienen summen,
Und nehmen zögernd ihren Flug ins Weite.

Ich galoppiere vor dem Sonnenschein,
Auf weißem Pferde flatternd, Wind geworden,
Und Sonnenfetzen um den Hals, nach Norden.
Ich werde mittags an dem Meere sein.

DER TURMSTEIGER

Er fühlte plötzlich, daß es nach ihm griff,
— Die Erde war es und der Himmel oben,
An dem die Dohlen hingen und die Winde hoben —
Und fühlte, wie es ihn nun auch umpfiff.

Ihn schauderte. Er sah das Meer, er sah ein Schiff,
Das gelbe Wellen schaukelten und schoben,
Und sah die Wellen, Wellen — Wellen woben
An seinem unvollendeten Begriff.

Ein Wasserspeier sprang ihn an und bellte.
Er zitterte und faßte die Fiale,
Die knarrend brach; — versteinert aber schnellte

Ein Teufel Witze auf die Kathedrale; —
Er hörte hin — ein höllisches Finale:
Er stürzte, fiel! Sein Schrei trieb hoch und gellte.

DIE SINTFLUT

Die Wolken wachsen aus den Horizonten
Und trinken Himmel mit den Regenhälsen.
Die Menschen bissen auf den höchsten Felsen
In weiße Stirnen, die nicht denken konnten,

Daß Läuse aus dem Meer, die See, krochen.
Im Abendsturm ertranken lange Pappeln. —
Sie hörten auf der Nacht die Sterne trappeln,
Die in dem All den warmen Erdrauch rochen,

Dann schwamm die Sonne in dem glatten Wasser.
Das Wasser fiel. Die See faulten ab.
Die Erde trug der Meere hellen Schurz.

Die Sterne standen, von Begierde blasser,
Mit dünnem Atem an des Ostens Kap.
Ein Stern sprang nach der Erde, sprang zu kurz.

CAPRICCIO

Entlaubte Parke liegen treu wie Doggen
Hinter den Herrenhäusern, um zu wachen.
Schneestürme weiden, eine Herde Bachen.
Oft sind die Rehe auf dem jungen Roggen.

Und eine Wolke droht den Mond zu schänden.
Die Nacht hockt auf dem Park, der stärker rauscht.
Zwei alte Tannen winken, aufgebauscht,
Geheimnisvoll mit den harzigen Händen.

Die Toten sitzen in den nassen Nischen.
Auf einem Kirchenschlüssel bläst der eine,
Und alle lauschen, überkreuzte Beine,
Die Knochenhände eingeklemmt dazwischen.

Am großen, kalten Winterhimmel drohn
Vier Wolken, welche Pferdeschädeln gleichen.
Der Winde Brut pfeift in den hellen Eichen,
Daraus der gelbe Geier Mond geflohn.

Der Tod im Garten tritt jetzt aus dem Schatten
Der Tannen. Rasch. Das Schneelicht spritzt und
                                           glänzt.
Der Schrecken flattert breit um das Gespenst,
Das seinen Weg nimmt quer durch die Rabatten.

Zum Schloß. — Dort ruft man: »Prosit Neujahr! Prost!«
Zu zwölfen sind sie, der Apostel Schar,
Und mit Champagner taufen sie das Jahr,
Umstellt vom Sturm, der auf den Dächern tost.

Armleuchter Hacken. Dampf von heißem Punsch.
Der Hitze Salven krachen vom Kamin.
Geruch der Weiber — Trimethylamin,
Die Bäuche schwitzen in der großen Brunst.

Jetzt stehn sie auf. Das Stühlerücken schurrt.
Der Tod im Flur ist nicht gewohnt die Speisen.
Er hebt den Kopf gegen das kalte Eisen
Der Schlüsseltülle, schnuppert gierig, knurrt.

Kommt jemand? Still. Er hupft unter die Treppe.
An einem Fräulein zerrt ein Kavalier.
Der Tod schleicht hinterher, ein fletschend Tier
Aus Mond; das trägt der Dame Schleppe.

Sie kommen an die Gruft—: »Hier sind wir sicher!«
— »Ich fürchte mich, oh, sind die Bäume groß!«
Der Tod schupst sie — kein Schrei, sie quieken bloß
Und läuft hinweg mit heftigem Gekicher. — —

Es dämmert endlich. Mit Blutaugen stiert
Der Morgen hin. Im Saal zappelt ein Märchen.
Der Tod wühlt in den fetten, welken Pärchen,
Frißt sie wie Trüffeln, die ein Schwein aufspürt.

IMPRESSION DU SOIR

Des Abends schwarze Wolkenvögel flogen
Im Osten auf vom Fluß der Horizonte.
Gärten vertropft in Nacht, die, als es sonnte,
Wie See grünten und den Wind einsogen.

Einsame Pappeln pressen ihre Schreie
Angst vor den Stürmen in die blonde Stille.
Schon saugen schwarze Munde Atem. — Schrille
Fabrikenpfiffe. Menschen ziehn ins Freie.

Ein rotes Mohnfeld mit den schwarzen Köpfen,
Ragen die Schlote, einsam, krank und kahl.
Die Wolkenvögel, Eiter an den Kröpfen,

Wie Pelikane flattern sie zum Mahl.
Und als die Horizonte Dunkel schöpfen,
Wirft sich der Blitz heraus, der blanke Aal.

BERLIN

Die Stimmen der Autos wie Jägersignale
Die Täler der Straße bewaldend ziehn.
Schüsse von Licht. Mit einem Male
Brennen die Himmel auf Berlin.

Die Spree, ein Antlitz wie der Tag,
Das glänzend meerwärts späht nach Rettern,
Behält der wilden Stadt Geschmack,
Auf der die Züge krächzend klettern.

Die blaue Nacht fließt in der Forst.
Sie fühlt, geblendet, daß du lebst.
Schnellzüge steigen aus dem Horst!
Der weiße Abend, den du webst,

Fühlt, blüht, verblättert in das All.
Ein Menschenhände-Fangen treibst du
Um den verklungnen Erdenball
Wie hartes Licht; und also bleibst du.

Wer weiß, in welche Welten dein
Erstarktes Sternenauge schien,
Stahlmasterblühte Stadt aus Stein,
Der Erde weiße Blume, Berlin.

DER SCHNELLZUG

Es sprang am Walde auf in panischem Schrecke,
Die gelben Augen in die Nacht geschlagen. —
Die Weiche lärmt vom Hammerschlag der Wagen
Voll blanken Lärms, indes sie fern schon jagen

Im blinden Walde, lauert an der Strecke
Die Kurve wach. Es schwanken die Verdecke.
Wie Schneesturm rennt der D-Zug durch die Ecke,
Und tänzelnd wiegen sich die schweren Wagen.

Der Nebel liegt, ein Lava, auf den Städten
Und färbt den Herbsttag grün. Auf weiter Reise
Wandert der Zug entlang den Kupferdrähten.

Der Führer fühlt den Schlag der Triebradkreise
Hinter dem Sternenkopfe des Kometen,
Der zischend hinfällt über das Geleise.

HERBSTGEFÜHL

Der große, abendrote Sonnenball
Rutscht in den Sumpf, des Stromes schwarzen Eiter,
Den Nebel leckt. Schon fließt die Schwäre breiter,
Und trübe Wasser schwimmen in das Tal.

Ins finstre Laub der Eichen sinken Vögel,
Aasvögel mit den Scharlachflügeldecken,
Die ihre Fänge durch die Kronen strecken,
Und Schreien, Geierpfiff, fällt von der Höhe.

Ach, alle Wolken brocken Dämmerung!
Man kann den Schrei des kranken Sees hören
Unter der Vögel Schlag und gelbem Sprung.

Wie Schuß, wie Hussa in den schwarzen Föhren
Ist alle Farbe! Von dem Fiebertrunk
Glänzen die Augen, die dem Tod gehören.

PROSERPINA

Einsamer Pluto trage ich im Blute
Proserpina, nackend, mit blonden Haaren.
Unauslöschbar. Ich will mich mit ihr paaren,
Die ich in allem hellen Weib vermute.

Ich bin von ihren Armen lichtgefleckt
Im Rücken! Ihre Knie sind nervös,
Die Schenkel weiß, fleischsträhnig, ein Erlös
Des weißen Tages, der die Erde deckt.

In ihrem Haar bleibt etwas vom Verwehten
Des warmen Bluts. Ich liebe den Geruch!
Und nur die Zähne haben zuviel Fades,

Wie Schulmädchen, sooft sie in den Bruch,
Den Brunnen ihres Frauenmundes treten,
Der meine Brünste tränkt — Herden des Hades.

DER DENKER

Nachmittag wird, und Wetter steigen schwarz
Herauf. Des Blitzes Ferse leuchtet im
Gewölk. Auf das Gebirge beißt voll Grimm
Der Donner, und Regen speien aus den Quarz.

Den Fuß den Felsgesteinen eingestemmt,
Die Augen abgewandt, als horche er,
So kommt er durch die Schründe, weglos, quer.
Zum weißen Urherrn in der Blitze Hemd.

Der Abgrund saugt Milliarden Zentner Himmel
In sich hinein. Der Weiße oben bleckt,
Zu dem er steigt. Durch Gletscher grün von Schimmel,

Des Riesen Bart, der von den Föhnen leckt.
Und schon reißt weit der Horizont entzwei, —
Blank, eben, schwangleich rauscht ins All ein Schrei.

NOVEMBERABEND

Es weht. Das Abendgold ist eine Fahne,
Die von den Winden schon erbeutet wird.
Ein etwas Herbst in der Platane,
Ein gelles Chrom verweht, verwird.

In Wolken gleich verkohlten Stämmen
Riecht man die tote Sonne noch;
Dann das Einatmen, Drängen, Dämmen —
Einsamkeiten kommen hoch.

VORMORGENS

Schneeflocken klettern an den Fensterscheiben,
Auf meinem Schreibtisch schläft der Lampenschein,
Und hingestreute Bogen, weiß und rein,
Ich wollte wohl etwas von Versen schreiben.

Der Tag ist nah. Die Jalousien schurr'n,
Die letzten Sterne torkeln von den Posten.
Der Tag ist nah, den unbesternten Osten
Bevölkern Morgenwinde schon purpurn.

Und mich bewachsen Abende, beschatten
Die Jahre! O ich dunkle ein.
Das Gas singt in den Gassen Litanein,
Daß meine Augen so sehr früh ermatten.

DIE DIRNE

Die Zähne standen unbeteiligt, kühl
Gleich Fischen an den heißen Sommertagen.
Sie hatte sie in sein Gesicht geschlagen
Und trank es — trank — entschlossen dies Gefühl

In sich zu halten, denn sie ward ein wenig
Wie früher Mädchen und erlitt Verführung;
Er aber spürte bloß Berührung,
Den Mund wie einen Muskel, mager, sehnig.

Und sollte glauben an ihr Offenbaren,
Und sah, wie sie dann dastand — spiegelnackt —
Das Falsche, das Frisierte an den Haaren;

Und unwillig auf ihren schlechten Akt
Schlug er das Licht aus, legte sich zu ihr,
Mischend im Blut Entsetzen mit der Gier.

DIE LIEBESFRAU

— Nackt. Ich bin es nicht gewohnt.
Du wirst so groß und so weiß
Geliebte. Glitzernd wie Mond,
Wie der Mond im Mai.

Du bist zweibrüstig,
Behaart und muskelblank.
So hüftenrüstig
Und tänzerinnenschwank.

Gib dich her! Draußen fallen
Die Regen. Die Fenster sind leer,
Verbergen uns … — allen, allen! —
Wieviel wiegt dein Haar. Es ist sehr schwer.

— Wo sind deine Küsse? Meine Kehle ist gegallt,
Küsse du mich mit deinen Lippen!
— Frierst du?— — — Du bist so kalt
Und tot in deinen hellen Rippen.
— — — — — — — — — — — — —

DAS GESPENST

Wie weiß der Sommer ist! Wie Menschenlachen,
Das alle Tage in der Stadt verschwenden.
Häuserspaliere wachsen hoch zu Wänden
Und Wolkenfelsen, die mich kleiner machen.

In tausend Straßen liege ich begraben.
Ich folge dir stets ohne mich zu wenden.
O hielte ich dein Antlitz in den Händen,
Das meine kranke Augen vor sich haben.

Ich küßte es. Es küßte mich im Bette —:
— Versprich, daß du mich morgen nicht mehr kennst!
— Bist du nachts fleischern und ein Taggespenst?

— Du locktest es ins Netz deiner Sonette.
— Junger Polyp, dein Mund ist eine Klette.
— Er wird dich beißen, wenn du ihn so nennst.
————————————

BERLINER ABEND

Spukhaftes Wandeln ohne Existenz!
Der Asphalt dunkelt und das Gas schmeißt sein
Licht auf ihn. Aus Asphalt und Licht wird Elfenbein.
Die Straßen horchen so. Riechen nach Lenz.

Autos, eine Herde von Blitzen, schrein
Und suchen einander in den Straßen.
Lichter wie Fahnen, helle Menschenmassen:
Die Stadtbahnzüge ziehen ein.

Und sehr weit blitzt Berlin. Schon hat der Ost,
Der weiße Wind, in den Zähnen den Frost,
Sein funkelnd Maul über die Stadt gedreht,
Darauf die Nacht, ein stummer Vogel, steht.

HERBSTPARK

Die gelbe Krankheit herrscht. Wie Säufern fällt
Das Laub Ahornen aus den roten Schädeln,
Und Birken glühn gleich flinken Gassenmädeln
Im Arm der Winde auf dem schwarzen Feld.

Und wie die Hände einer Frau, die sinnt
Ihrem Gemahl nach und der starken Lust,
Ward weiße Sonne kühl! Du aber mußt
Der Nächte denken, die im Juni sind.

In diesen sternenbunten, sagt man, fror es.
Der Park ist so verstört. Aus beiden Teichen
Zittert die Stimme des gefleckten Rohres,

Wenn Wellen so vom seichten Sande schleichen.
Und Regen droht. In Kutten, stummen Chores,
Gehn Wolken um die großen, grünen Eichen.

LINDEN

Mit Wald gepudert und Laternenschein,
Schreiten die Linden und ein paar Platanen
— Unter den Bäumen sind sie Kurtisanen —
Den Mädchenstrom Kurfürstendamm hinein.

Ihr Wäldermädchen mit den Laubfrisuren —
Man muß wohl Wind sein, um euch zu umarmen.
Hübsche Dryaden, träumt ihr von den Farmen
Am Strom und Wiesen zwischen Weizenfluren?

Den Pfeil von Glühlicht in dem grünen Haar,
Aha! Ihr seid schon elegant geworden,
Jüdinnen, — die ich liebte, ein Barbar,

Im Blut Unwetter und den wilden Norden.
Es schien der Mond, verlor sich ohne Rest,
Jetzt liegt er da, ein Ei, im Wolkennest.

JUNGE PFERDE

Wer die blühenden Wiesen kennt
Und die hingetragene Herde,
Die, das Maul am Winde, rennt:
Junge Pferde! Junge Pferde!

Über Gräben, Gräserstoppel
Und entlang den Rotdornhecken
Weht der Trab der scheuen Koppel,
Füchse, Braune, Schimmel, Schecken!

Junge Sommermorgen zogen
Weiß davon, sie wieherten.
Wolke warf den Blitz, sie flogen
Voll von Angst hin, galoppierten.

Selten graue Nüstern wittern,
Und dann nähern sie und nicken,
Ihre Augensterne zittern
In den engen Menschenblicken.

ERWACHSENE MÄDCHEN

Wer weiß seit Fragonard noch, was es heiße,
Zwei stracke Beine haben in dem Kleide;
Roben gefüllt von Fleisch, als ob die Seide
In jeder Falte mit dem Körper kreiße.

Aus dem Korsage fahren eure Hüften
Wie Bügeleisen in den Stoff der Röcke,
Darauf wie Bienen auf die Bienenstöcke
Unsere Blicke kriechen aus den Lüften.

Ihr jugendlichen Sonnen! Fleischern Licht!
Wir haben den Ehrgeiz der Allegorien
Und hübschen Dinge im Gedicht.

Ich will mit eurer Bettwärme Blumen ziehn!
Und einen kleinen Mond aus dem Urin,
Der sternenhell aus eurem Blute bricht!

DIE SCHLAFENDE ERNA

Auf einer Ottomane aus Mohär
Liegt sie in Seidenröcken, eine Truhe
Voll Nacktheit, und ich denke voll Unruhe
An dein Geheimstes — schönes Sekretär.

Die Frauen tuen Wundervolles in die Seide.
Am Knie beginnt es. Ich will es auspellen,
Wenn Küsse summen nach hautsüßen Stellen
Im Bett, daß wir nicht schlafen können beide.

Du großes Mädchen, die noch kleinen Brüste
Schmücken dich mir. Auf den geheimen Schmuck
Hast du die linke weiße Hand gelegt;

Ich dachte: Soll die eine, die sie trägt —
Die schwarze Blume welken von dem Druck?
Und nahm die Hand weg, die ich leise küßte.

SINNLICHKEIT

Unter dem Monde liegt des Parks Skelett.
Der Wind schweigt weit. Doch wenn wir Schritte tun,
Beschwatzt der Schnee an deinen Stöckelschuhn
Der winterlichen Sterne Menuett.

Und wir entkleiden uns, seufzend vor Lust,
Und leuchten auf; du stehst mit hübschen Hüften
Und hellen Knien im Schnee, dem sehr verblüfften,
Wie eine schöne Bäuerin robust.

Wir wittern und die Tiere imitierend
Fliehn wir in den Alleen mit frischen Schrein.
Um deine Flanken steigt der Schnee moussierend.

Mein Blut ist fröhlicher als Feuerschein!
So rennen wir exzentrisches Ballett
Zum Pavillon hin durch die Tür ins Bett.

MEINE JÜDIN

Du junge Jüdin, braune Judith, köstliche
Frucht der Erkenntnis, weißer Blütenfall:
Aus Kleidern steigst du nackt, ein All ins All,
Mit deinen Brüsten, Mythenfrau, du östliche.

Steige vom Sockel, Venus, aus zerballter
Wäsche, Jungweib! Wie Morgensonne blitzt
Dein Bauch — und in der Schenkel Schatten sitzt
Wie Blüten saugend, fest, ein schwarzer Falter.

Und Schwarzes fällt aus den gelösten Schleifen
In den konkaven Nacken, wie Geruch.
Und die zu großen, graden Zähne blecken,

Als ob sie schon in Männerküssen stäken.
Der Blick hängt glänzend über dem Versuch,
Die Lippen über das Gebiß zu streifen.

LIEBESMORGEN

Aus dem roten, roten Pfühl
Kriecht die Sonne auf die Dielen,
Und wir blinzeln nur und schielen
Nach uns, voller Lichtgefühl.

Wie die Rosa-Pelikane,
Einen hellen Fisch umkrallend,
Rissen unsere Lippen lallend
Kuß um Kuß vom weißen Zahne.

Und nun, eingerauscht ins weiche
Nachgefühl der starken Küsse,
Liegen wir wie junge Flüsse
Eng umsonnt in einem Teiche.

Und wir lächeln gleich Verzückten;
Lachen gibt der Garten wieder,
Wo die jungen Mädchen Flieder,
Volle Fäuste Flieder pflückten.

MEIN FEBRUARHERZ

Als trügen Frauen in den Straußenfedern
Das junge Licht wie eine weiße Fahne,
Gehörten alle Häuser reichen Reedern
Und wären Schiffe, schwimmt um die Altane

Die blaue Luft! Oh, jetzt in einem Kahne
Auf Wassern fahren, süßen Morgennebeln
Entgegensteuern, gleich dem leisen Schwane
Die Wellen teilend mit den schwarzen Hebeln!

Geh in die Leipzigerstraße! Geh ins Freie!
Schön ist die Wollust! Gott ein guter Junge.
Die Dirnen sommern brünstiger als Haie!

Ich habe Geld! Ich bin so schön im Schwunge.
Sonette aus Sonne kitzeln mir die Zunge!
In meiner Kehle sammeln sich die Schreie!

ABENDAVENUE

Die Straße ist von Klängen überstrahlt,
Bewachsen von Phantasmen des Geruches,
Und Hüften in den Hülsen blauen Tuches,
Das aller Schritt zu Reiz zermalmt und mahlt.

Die Dirnen kommen, knarrend, Wollustfuder,
Und Bürgermädchen, die mit Reizen knausern;
Jungfräulein die, und andern, die schon mausern,
Gleitet ein Scharlachlächeln in den Puder.

Teufel! Wir werden wie die Pelikane
— Wenn diese Mädchen uns mit Blicken füttern,
Gierig nach den Konturen und Profilen,

Die alle kommen, einzeln, momentane,
Und aus den fetten Rücken, aus den Müttern,
Bisweilen leise nach uns Jungen schielen.

TIERGARTEN

Birken und Linden legen am Kanal
Unausgeruhtes sanft in seinen Spiegel.
Ins Nachtgewölbe rutscht der Mond, ein Igel,
Der Sterne jagt und frißt den Himmel kahl.

Mädchen sind da, und wir sind sehr vergnügt.
Ich schmeiße nach dem dicken Mond mit Steinen;
Die Betty küßt mich, und er soll nicht scheinen,
Weil Bella schweigt und naserümpfend rügt.

Die Sommerstädte liegen um den Park.
Es wird sehr hübsch! Der Süden wandert ein!
Die Sonne wächst! Wie nackte Männer stark

Schreiten die Tage, Frühjahr in den Hüften.
Die schwarzen Linden kommen überein,
Morgen zu grünen in den süßen Lüften!

MÄDCHENNACHT

Der Mond ist warm, die Nacht ein Alkohol,
Der rasch erglühend mein Gehirn betrat,
Und deine Nacktheit weht wie der Passat
Trocknend ins Mark.

Du hast ein weißes Fleischkleid angezogen.
Mich hungert so — ich küsse deine Lippen.
Ich reiße dir die Brüste von den Rippen,
Wenn du nicht geil bist!

— Küsse sind Funken, elektrisches Lechzen
Kupferner Lippen, und die Körper knacken!
Mit einem Sprunge sitzt mein Kuß im Nacken
Und frißt dein Bäumen und dein erstes Ächzen.

Und als ich dir die weißen Knie und,
Dein Herz verlangend, allen Körper küßte,
Geriet mein Schröpfkopf unter deine Brüste;
Da drängte sich das Herz an meinen Mund.

GUTEN TAG — HELLE EVA!

Ich wollte mit dir jungem Weibe leben
Gern wie der Sturm auf einem hellen Meer,
Daß deine Hände sich wie Möwen heben,
Wie Strudel leuchten deine Brüste sehr.

Dein Fleisch ist Schnee, und schneereich bist du wie
Russische Winter. Mondrot leuchtet, blond,
Dein Haarkorb an des Nackens Horizont —
Du nackend Weib, du weiße Therapie!

Lange behielt ich deine Witterung
Und jagte hitzig hinter Dirnenrudeln,
Lustkrank, von Qual beweht. Doch du bliebst jung.

Auf deinen Rippen kreisen weiße Strudel;
Du bist ein Weib geworden — puh — fruchtbar,
Du blanker Bauch voll Blut und krautigem Haar.

FRIEDRICHSTRASSENKROKI
3 UHR 20 NACHTS

Die Friedrichstraße trägt auf Stein
Die blassen Gewässer des Lichtes.
Die Dirnen umstehn mit Hirschgeweihn
Die Circe meines Gesichtes.

Ich schaue: — Der Träume Phosphor rinnt
In zwei, vier Menschenaugen neu.
— Wie eine Katze springt, gefleckt, der Wind
Zwischen des Asphalts Lichterstreu

Und trägt den fetten, weißen Rauch
Im Maul den jungen Winden ins Nest.
Er faßt die Dirnen an den Bauch
Und klemmt die dünnen Röcke fest.

— Da sind Gesichter, lachen nett,
Daß alle Zähne blecken müssen;
Die Louis zeigen ihr Skelett,
Louise läßt mich ihres küssen.

ANDERE JÜDIN

I

Im Norden sind die Ebenen, da steigen
Die Ströme zitternd in das Meer,
Das sie verhüllt. Der Wind weht Wogen her.
Das Wasser schweigt, und die Sternbilder schweigen.

Du stiegst hinab mit deinem weißen, leisen
Lachen sprudelnd und deiner Brüste Schaum.
Antworte doch! Bist du noch in dem Raum,
Wo meiner Augen Vögel schreien, kreisen?

II

Der Wind ist in den Eichen,
Die sich nach Westen legen
Und diesen kleinen, bleichen
Himmel zusammenfegen;

Ich atme schlecht! Ich zucke
So an der Luft! Untätig.
Mir ist vom steten Drucke
Nicht mehr viel Ich vorrätig.

IN DER WELT

Ich lasse mein Gesicht auf Sterne fallen,
Die wie getroffen auseinander hinken.
Die Wälder wandern mondwärts, schwarze Quallen,
Ins Blaumeer, daraus meine Blicke winken.

Mein Ich ist fort. Es macht die Sternenreise.
Das ist nicht Ich, wovon die Kleider scheinen.
Die Tage sterben weg, die weißen Greise.
Ichlose Nerven sind voll Furcht und weinen.

ADIEU MÄDCHENLACHEN!

Sie nehmen Abschied, werden nicht vergessen
Die Wege, die sie jetzt gehn — du und ich,
Zwei Lächeln nur, mit denen sich
Apokalyptische Gesichte messen.

O fälschte doch mein sicheres Gesicht!
Die Furcht läuft in die Zukunft und sieht mutig,
Da liegst du, abgeküßt und schenkelblutig:
— Mein Hirn bellt auf— brautnackt im Ampellicht.

Die Schmerzen beißen in das Hirn hinein.
Was martert, mordet nicht mein wilder Freisinn!
O meine Mutter, weißhändige Greisin,
Nimm mich zurück ins Nichtgeborensein!

NACH DER NACHT

Laternen, die den Regenabend führen,
Haben die Stadt, die glänzende, verraten.
Eiweißer Eiter tropft im Lichteratem
Der Friedrichstraße, wo sich Dirnen rühren.

Die Augen kriechen aus den Faltenlidern
Und spritzen einen Blick, der dich begießt.
Sie lachen sich das Kleid vom Bauch; du siehst
Die Brüste — Krötenbäuche in den Miedern.

Du flohst, und Vögel sangen für dich junitags.
Der Morgen senkte sich in dein Gesicht.
Es schlugen Uhren an, weckten das Licht.
Doggengebell des Turmuhrstundenschlags.

Du öffnest deinen Mund, der ist lichtzahnig.
O Wanderungen im Gestein der Stadt!
O Röcheln, Schreie, seelenquälend Rad! —
Es sprudelt aus der Morgenröte sahnig.

Du schweigst. Hinter den dunklen Augen ruht
Das Hirn vom Krampf der tötenden Arsene.
Du lächelst, blickst — und da betritt die Szene
Die Sonne, jugendlich, im Wolkenhut.

DAS WIEDERSEHEN

Wie warnend feuchten schwarze Fensterscheiben.
Mystische Telefone knacken, knacken —:
Dastehst du nahe mit beweinten Backen,
Plastik aus Rauch.
Ich drehe angstvoll mein Gesicht zum Nacken
Und steige zitternd aus aus euren Häusern.

Sind das die Häuser? Ist die Nacht aus Stein?
Ich mache langsam Schritte in Berlin.
Kein Mensch. Herabgestürzte Jalousien.
Ich habe keinen Wunsch, einer zu sein.

MANN UND MENSCHFRAU

Der Park beleckt, ein grüner Katarakt,
Das weiße Haus, in dem wir nach uns greifen.
Du hast Angstaugen. Um die Fenster streifen
Ahorne braun und indianernackt.

Sturm hat die Nacht, die Negerin, gepackt.
— Du wirst doch diese Herzart nicht begreifen.
Laß aus dir trinken, und ich werde reifen.
Verdorrte Augen überschwemmt dein Akt.

Du kriegst ein Kind. Ich werde einsam sterben
In braunen Muskeln und vom Tag gedörrter.
Jetzt könnten deine Arme mich entfärben.

Orient und Eden machst du gegenwärtig.
Wir wandeln nackt durch baumige Hirnörter.
Engel — dein weißer Bauch ist dunkelbärtig.

Nachwort

Viel weiß man nicht von Paul Boldt, nicht einmal
ein Foto ist erhalten. Er kam aus den östlichen Pro-
vinzen nach Berlin, er bewegte sich in den Kreisen
der expressionistischen Dichter, er veröffentlichte
in den einschlägigen Zeitschriften, er hatte ein
paar Lesungen, zum Beispiel zusammen mit Gott-
fried Benn - und dann war da ein Gedicht, eine
Zeile eigentlich nur, die machte ihn schlagartig be-
rühmt: *Junge Pferde! Junge Pferde!*
Zeitgenossen erinnerten sich noch Jahre später,
wann sie sie das erste Mal hörten - „vor der kleinen
Gerold-Stube an der Gedächtniskirche war's, daß
der Schrei auf mich lospreschte: Junge Pferde!
Junge Pferde!" (Alfred Richard Meyer, genannt
Munkepunke.)
Eine Schlagzeile, die zur Charakterisierung einer
Epoche gereichte.
„Vorläufig", so beschrieb Franz Herwig 1916 die
Expressionisten, „sehe ich sie einfach als junge
Pferde, von denen einer der ihrigen, Paul Boldt,
dichtet, junge Pferde, die herdenweis hin und her
galoppieren, die Nase am Wind, ungebärdig sind,
reiterlos."
Der plötzliche Ruhm hatte eine Kehrseite. Denn er
reduzierte das gesamte berauschte, erotomane, be-
drückende und beglückende Werk von Paul Boldt

auf diese eine Zeile. Vielleicht wäre er in Frankreich, wie Peter Härtling vermutet, zu einer mythischen Figur geworden, hätte man einen neuen Rimbaud, einen neuen Verlaine oder Baudelaire in ihm gesehen.

In Deutschland blieb Paul Boldt dieser Ruhm verwehrt. Zwar gab es immer wieder Ansätze zu einer Neuentdeckung. Ganz vergessen war Paul Boldt nie, wenigstens Schriftsteller und Kritiker wie Peter Härtling, Peter Rühmkorf oder Marcel Reich-Ranicki gaben Hinweise auf diesen ungehobenen Schatz der deutschen Literatur.

Aber seit Jahren ist sein Gesamtwerk nicht mehr lieferbar, und es fehlte sogar eine Ausgabe dieses berühmten Gedichtbandes *Junge Pferde! Junge Pferde!*, der nun endlich wieder vorliegt.

Martin Ebbertz

Biographie

Paul Boldt wurde am 31.12.1885 in Christfelde an der Weichsel (Kreis Schwetz in Westpreußen) als Sohn wohlhabender Gutsbesitzer geboren. Nachdem er 1906 sein Abitur abgeschlossen hatte, begann er ein Studium der Germanistik und Kunstgeschichte, zunächst zwei Semester in München, ein Semester in Marburg und anschließend in Berlin.

Von der Großstadt Berlin fasziniert, führte er ein ausschweifendes Leben und betrieb das Studium nicht so intensiv, wie es seine Eltern erwarteten, die darum 1913 die finanzielle Unterstützung einstellten. Seit 1912 veröffentlichte er mit zunächst rasch wachsendem Erfolg Gedichte in der literarisch-politischen Zeitschrift „Die Aktion" und in „Die weißen Blätter". Des weiteren trug er seine Gedichte bei literarischen Abenden und Autorenlesungen vor. 1914 veröffentlichte er den Gedichtband *Junge Pferde! Junge Pferde!*.

1915 wurde Paul Boldt zur Artillerie eingezogen, aber bereits 1916 wegen eines Nervenleidens aus der Armee entlassen und musste nicht mehr an die Front des ersten Weltkrieges.

Im Herbst 1919 begann Paul Boldt in Freiburg im Breisgau ein Medizinstudium. Dabei wurde er von seinem Vater wieder finanziell unterstützt. 1921 wurde er wegen eines Leistenbruchs operiert, verstarb dann aber am 16.03.1921 nach der erfolgreichen Operation an einer Embolie (Blutgerinnsel). Er wurde auf dem Friedhof von Stuhm (Westpreußen) beerdigt.

Der Koffer mit dem Nachlass Boldts ging 1945 bei der Flucht seiner Halbschwester Jenny Horst von Westpreußen nach Thüringen verloren.

Literatur und Quellen

Paul Boldt. Junge Pferde! Junge Pferde! Der jüngste Tag, 11. Leipzig: Kurt Wolff 1914 und ²1918.

Minaty, Wolfgang (Hg.). Junge Pferde, Junge Pferde. Gesamtausgabe der Gedichte Paul Boldts. Olten: Walter, 1979.
(Enthält ein umfassendes Literaturverzeichnis.)

http://www.paul-boldt.de/
(Dort weitere Literaturangaben.)

Die Erstausgabe erschien 1914 im Kurt Wolff Verlag, diese Ausgabe folgt in der Textgestalt der zweiten, in kleinen Details vom Dichter korrigierten Auflage (ohne Jahr, erschienen 1918).

Inhalt

7 Frühjahr
8 Nächte über Finnland
9 Weichsel
10 Nächtige Seefahrt
11 Friedrichstraßendirnen
12 Mittags
13 Nacht für Nacht
14 Rinder
15 Nordwind im Sommer
16 Der Tutmsteiger
17 Die Sintflut
18 Capriccio
20 Impression du soir
21 Berlin
22 Der Schnellzug
23 Herbstgefühl
24 Proserpina
25 Der Denker
26 Novemberabend
27 Vormorgens
28 Die Dirne
29 Die Liebesfrau
30 Das Gespenst
31 Berliner Abend
32 Herbstpark
33 Linden

34   Junge Pferde
35   Erwachsene Mädchen
36   Die schlafende Erna
37   Sinnlichkeit
38   Meine Jüdin
39   Liebesmorgen
40   Mein Februarherz
41   Abendavenue
42   Tiergarten
43   Mädchennacht
44   Guten Tag - helle Eva!
45   Friedrichsstraßenkroki 3 Uhr 20 nachts
46   Andere Jüdin
47   In der Welt
48   Adieu Mädchenlachen!
49   Nach der Nacht
50   Das Wiedersehen
51   Mann und Menschfrau

53   Nachwort
54   Biographie
56   Literatur und Quellen

Edition Razamba

Martin Ebbertz
Alltagsrezepte

Eine flüchtige Erinnerung an die Berufstätigen und ihre merkwürdige Welt ...
In 60 kurzen Texten, formal handelt es sich um Gebrauchsanweisungen oder Rezepte in der Länge von ein oder zwei Sätzen, gibt dieses Buch absurde Anleitungen für den Umgang mit Berufstätigen - dem Museumswärter, dem Friedhofsgärtner, der Bankangestellten, der Straßenbahnfahrerin ...

Nr. 18
Dem Physikprofessor einen
Koffer mit leichten Mädchen
vortragen und erst im Eingang
des Hörsaals dessen Gewicht
ermessen. Den freien Fall nicht
erwähnen.

Edition Razamba / bod 2008, 68 Seiten, broschiert, 7,80 Euro.

Edition Razamba

Herbert Friedmann
Berliner Sommer

Neue Gedichte aus Berlin - Herbert Friedmann
spürt in seinem zweiten Gedichtband *Berliner
Sommer* den Jahreszeiten in der Stadt nach. Mit
spielerischer Sicherheit fangen die Gedichte ihre
Stimmungen ein, wie mit leichter Tusche
gezeichnet.
Unbeschwert sind sie dennoch nicht: Ein gelber
Ball, der in den Frühling springt, trifft zuweilen
auf einen schmerzroten Stein. Aber wir verdanken
ihnen beglückende Momente - Zeilen, die den
Himmel mit der Stirn berühren, kurz den Atem
und die Zeit anhalten.

DAUER DER LIEBE

Einen Atemzug länger
dauert die Liebe im Mairauschen
länger als die Erdbeerzeit im Sommerwind
dauert die Liebe unter dem Blauschwarz
der Winternacht im stillen Wachsen
dauert die Liebe auf weißen
Krähenfeldern dauert liebelang die Liebe:
wir aber können es nicht versprechen

Edition Razamba / bod 2008, ca. 64 Seiten,
broschiert, 8,00 Euro.